¡¡Luces, CÁMARA, ACCIÓN!!

Una guía para principiantes para superar la timidez ante la cámara, grabar vídeos y crear una presencia digital

– ARMANITALKS 

Tabla de contenidos

Introducción

¡¡Bienvenidos a Luces, Cámara, Acción!!
Este es un libro para principiantes que te
enseñará cómo hablar frente a una de las
mejores tecnologías que existen: la
cámara.

Mi nombre es Arman Chowdhury, el
fundador de ArmaniTalks. Una empresa
de medios que ayuda a ingenieros y
emprendedores a mejorar sus
habilidades comunicativas para que
puedan expresar sus ideas con claridad y
confianza.

Durante los últimos años, he estado
desarrollando un aspecto de la marca
ArmaniTalks que es extremadamente
importante para este libro: el canal de
YouTube.

En este canal de YouTube, publiqué más

de 300 videos, hice más de una docena de entrevistas y trabajé con diferentes emprendedores para ayudarlos a lanzar su canal de YouTube para que puedan llevar sus ideas de su mente al mundo exterior.

Este libro se centrará en muchos de los principios de alto nivel relacionados con hablar frente a la cámara. No vamos a entrar demasiado en detalles ni discutir demasiado sobre la configuración técnica.

En cambio, vamos a enfrentarnos a la bestia de frente.

Vamos a estar hablando de:
- Por qué la timidez ante las cámaras existe en primer lugar.
- Los fundamentos esenciales de trabajar y comprender que todo es un músculo, incluso generar comodidad frente a la cámara.

- Cómo entender nuestras ideas, aclararlas y crearlas.
- El arte de darle al botón de publicar para que **al menos** una persona pueda ver nuestro trabajo.

Comencemos con la lección número uno.

Parte 1:

¿Tímido?

Por qué existe la timidez ante la cámara

Glosofobia, ¿sabes lo que eso significa? Significa el miedo a hablar en público. Cinofobia, ¿sabes lo que eso significa? Es miedo a los perros.

No sé el nombre de la fobia a la cámara, pero sé que la timidez ante la cámara existe.

Hay muchas personas que evitarán eventos que les obliguen a hablar frente a la cámara porque están demasiado nerviosas.

Quiero que entiendas que la timidez ante las cámaras es completamente normal. Es inusual si no lo tienes. Porque aquí está la cosa....

Esta tecnología que tenemos en el mundo actual, la cámara, es relativamente nueva.

Cuando alguien te diga que no tiene timidez ante las cámaras o que nunca la ha tenido, comprende que es muy similar al chico que sabe caminar, pero que cuando era bebé tenía dificultades.

Gateaban, intentaban levantarse, se caían, intentaban levantarse, gateaban un poco. Con el tiempo aprendieron a caminar.

Como adultos, no recordamos nuestras luchas cuando éramos bebés.

Entonces, cuando ves a alguien que está sereno mientras habla frente a la cámara, tal vez no recuerde el comienzo de su viaje, algo así como ese bebé.

Por qué la timidez ante la cámara es normal

Cuando piensas en la comunicación, quieres verla de una manera muy específica. Hay cinco niveles diferentes de comunicación:

- El nivel uno se conoce como comunicación intrapersonal, que es la autoconciencia.
- El nivel dos se conoce como comunicación uno a uno, también conocida como conversación.
- comunicación de muchos a muchos, también conocida como trabajo en equipo.
- El nivel cuatro se conoce como uno a muchos, que es hablar en público.
- Y la comunicación de nivel cinco es de humano a máquina, también conocida como medios.

En este libro nos centramos predominantemente en la comunicación de nivel cinco. El nivel cinco es nuevo en términos de historia.

Entonces, imaginemos que un gobernante representa toda la civilización que alguna vez existió. Si estamos tratando de evaluar cuánto tiempo ha existido hablar con la cámara, es un milímetro de esa regla. Apenas puedes verlo.

Lo que demuestra que hablar frente a este objeto inanimado es nuevo. Cada vez que hacemos algo nuevo, hay incomodidad.

Menciono todo esto porque quieres tener las expectativas correctas desde el principio. Cuando comprendas que se supone que este viaje será difícil, podrás abordar este conjunto de habilidades con la mentalidad adecuada.

Nunca se supone que hablar delante de un objeto inanimado sea sencillo, y por eso superar la timidez ante la cámara es **enorme.** Tendrás un conjunto de habilidades brillante para esta generación y en la siguiente sección hablaré sobre el valor de aprender ese conjunto de habilidades en primer lugar.

Importancia de hablar frente a la cámara

Canal de Youtube, reuniones por Zoom, decir un brindis que se va a grabar en una boda... Tres situaciones sencillas en las que se puede esperar que hables delante de la cámara.

Si sabes que la luz de grabación no te pondrá nervioso...
Entonces tienes una ventaja en este mundo.

Hoy en día, la era en la que vivimos se conoce como la era de la información, donde las comunicaciones globales son más importantes que nunca. Es fácil para alguien de Estados Unidos hablar con alguien de Italia como si fueran vecinos de al lado. Gran parte de la comunicación se está volviendo digital.

Si eres uno de esos pocos que no rehuye la comunicación digital, entonces podrás prosperar en la era de la información.

Parte 2:
Práctica

La práctica es el único camino

Repetición, repetición, repetición.

¿Quieres conocer la mayor diferencia entre una mentalidad de crecimiento y una mentalidad fija? La mentalidad de crecimiento ve todo como un músculo. Si son físicamente capaces de aprenderlo, ahora es un juego de la mente. Cuando es un juego de la mente, se convierte en un juego del corazón.

Es deseo.
¿Lo quieres o no?

La mentalidad fija lo enviará por correo, pero la mentalidad de crecimiento incluirá esas repeticiones, repeticiones, repeticiones.

Quizás no hayas querido escuchar eso.
Es posible que una parte de ti haya
pensado que este libro te brindará los
últimos trucos para acortar el proceso.

No, no funciona así.

Cada persona que aprendió a hablar
frente a la cámara tuvo que pasar
primero por la etapa de incomodidad.

*Se levantaron, cayeron, se levantaron
nuevamente y repitieron ese proceso en
iteraciones.*

Sólo debes saber que vamos a hacer
hincapié en la práctica a lo largo de este
libro, pero lo que es más importante,
vamos a aprender **a** practicar.

Oscura vs Zona Luminosa

Quiero presentar un nuevo concepto llamado zona oscura versus zona clara.

La zona oscura son todos los videos que grabas en privado.

Hasta el día de hoy, tengo cientos de vídeos en mi computadora portátil y en mi cámara que nunca planeo publicar. Estos videos son solo para mí, para que pueda experimentar con ideas, comprender mi posición respecto de ciertos temas y experimentar.

Se siente bien cuando tienes una determinada zona por la que sabes que nadie te va a juzgar. Esto se conoce como la zona oscura, **tu zona.**

La zona de luz es el espacio público.

Aquí es cuando permites que otras personas vean tus ideas, vean tus videos y, de vez en cuando ... hagan críticas constructivas.

Lo que recomiendo es que comencemos con la zona oscura y luego hagamos una transición suave a la zona clara.

Cuanto más nos centramos en la zona oscura, más empezamos a mejorar nuestro lenguaje corporal, comprendemos nuestras ideas y creamos conocimientos únicos que no encontrará en ningún motor de búsqueda.

Tomémonos muy en serio la zona oscura.

Entonces, hacemos una transición suave hacia la luz.

Canal privado de YouTube

Ojalá alguien me dijera lo que voy a contarles ahora mismo. He grabado muchos videos en mi teléfono y en mi computadora portátil, pero una de las mejores áreas para crear tu zona oscura es YouTube.

Ahora espera, antes de que entres en pánico porque todos vean tus videos, ¿sabías que puedes hacer que tus videos de YouTube sean privados antes de decidir hacerlos públicos?

Hay muchos videos en mi canal de YouTube que mantengo en privado para verlos por mí mismo.

La razón por la que me gusta YouTube es porque es posible que tengas problemas de hardware con tu computadora portátil e incluso con tu teléfono. En serio. ¿Con qué frecuencia tienes ahora el mismo teléfono que hace dos años?

Casi nunca.

Pero con YouTube, lo bueno es que una vez que subes los videos, puedes acceder a ellos desde cualquier parte del mundo siempre que tengas una conexión a Internet. Cuando tienes este canal, eres capaz de ver tu crecimiento en tiempo real.

Ver tu crecimiento en tiempo real es similar a un hombre que ha estado luchando contra la obesidad durante un largo período de tiempo y finalmente decidió contratar un buen instructor de gimnasio. Este instructor de gimnasio es diferente. Claro, está haciendo que este hombre obeso vaya al gimnasio, coma bien y duerma bien.

Pero también está haciendo que esta persona tome fotografías de su progreso.

Cuando este hombre obeso ve sus fotografías de progreso, se siente más motivado para seguir perdiendo peso. Hay un circuito de retroalimentación que genera incentivos para seguir avanzando en el viaje.

Con el canal de YouTube, el privado, pasa exactamente lo mismo.

Entonces, inicia un canal de YouTube, comienza a subir algunos videos allí y hazlo privado. Esta será tu zona oscura.

Publicar vídeos

No querrás ser ese tipo que se queda atrapado en la zona oscura, simplemente publicando videos en privado todo el tiempo, sin permitir nunca que otras personas los vean.

Con el tiempo, querrás llegar a un estado en el que envíes tus videos privados a al menos una persona para que pueda verlos por sí mismos. O simplemente lo haces público y permites que un montón de personas lo vean.

Esto puede arder.

Quizás estés pensando:

"¿Y si no les gusta? ¿Qué pasa si simplemente me critican?"

Perfectamente bien. Todos los grandes

creadores de contenido saben algo. Con atención, se forman 3 grupos:

- Un grupo los ama.
- Otro grupo es neutral.
- Y el tercer grupo los desprecia.

¿Quieres saber el código de trucos?
Ve los tres exactamente iguales.

No digas:

"Me gustan más las personas amables que las neutrales y las neutrales más que las malas".

No quieres hacer eso.

Sólo decir:

"Todas las opiniones son las que sean, porque en última instancia, primero estoy creando para mí. Entiendo que este es un conjunto de habilidades que beneficiará mi vida".

Si dejas que las buenas opiniones te suban a la cabeza, entonces las malas opiniones llegarán a tu corazón.

Ten la actitud correcta respecto a la zona de luz. Hay miles de millones de personas en este planeta. Hay millones de personas que quieren iniciar un canal. Y sólo hay un puñado de personas que realmente terminan haciéndolo. Pero desafortunadamente, ese puñado de personas está atrapada en la zona oscura.

Pocas de esas personas se exponen. Entonces, cuando entres en la zona ligera, hazlo con estilo.

Incluso si tropiezas, fallas y estropeas tu video, debes saber que eres uno de los pocos que ha salido a la luz.

Parte 3:

Contenido

De qué hablar

En la última sección hablamos de la importancia de aprender a practicar y dividimos nuestra práctica en dos componentes diferentes:

- La zona oscura, donde grabamos vídeos en privado.
- La zona de luz, donde hacemos públicos algunos de nuestros vídeos.

Hablamos sobre por qué YouTube es un recurso increíble. Principalmente porque puedes verte crecer en tiempo real y puedes acceder a YouTube en cualquier momento que tengas una conexión a Internet.

En esta sección, hablaremos sobre de qué hablar. Porque cuando la luz de grabación está encendida, muchas veces tu cerebro se va a congelar. Entonces, si

tienes algo de claridad sobre el tema,
será de gran ayuda.

Habla sobre las cosas que amas

Tengo una regla muy simple sobre de qué hablar... cosas que sabes muy bien.

Algunos de ustedes van a hacer exactamente lo contrario. Ustedes van a estar investigando, escribiendo notas y provocándose una parálisis de análisis.

Recuerda lo que dijimos antes:

La parte más importante de este libro son las repeticiones.

Entonces, si comienzas con algo que sabes muy bien, ahora será mucho más fácil hacer repeticiones.

¿De qué te gusta hablar?

Podría ser cualquier cosa. No querrás juzgarte demasiado.

Digamos que eres un gran fanático de Harry Potter y te has estado preguntando si JK Rowling lanzaría más libros en el futuro.

Habla de eso y sé creativo.

Digamos que no crees que ella vaya a publicar más libros y luego te pones en su lugar.

- Si fueras JK Rowling, ¿qué harías?
- ¿Lanzarías más libros?
- ¿Tienes más historias que contar sobre Harry Potter?

Divertirse. Hazlo creativo porque cuanto más creativo lo hagas, más empezarás a asociar un sentimiento positivo al hablar frente a la cámara. Cuando puedas asociar la emoción correcta con respecto a este acto, estarás pirateando el sistema. Ahora vas a hacer este acto a largo plazo.

Busca patrones

¿Quieres conocer una de las mayores diferencias entre un líder y un seguidor?

Un líder nota patrones mientras que un seguidor no tiene ni idea.

¿Qué es realmente el liderazgo?

El liderazgo es un juego de la mente, el poder, la persuasión y la influencia. Son todas ideas. Siempre que se trata de ideas, se trata de temas. Cada vez que estás tratando con un tema, estás tratando con patrones.

En la última sección, hablé de cómo creaste un montón de videos diferentes sobre temas que conoces muy bien. Vas a estar acumulando todos estos datos. Al observar estos datos, notarás que:

- Muchos de ellos son basura.
- Algunos de ellos son fulano de tal.
- Pero algunos de ellos son oro.

Las ideas doradas son las que más resuenan en ti. Y cada vez que encuentres una idea que te resuene, quiero que la recopiles como si fuera un Pokémon. Porque cuanto más sigas recopilando ideas que resuenen contigo, más construirás tus bases con respecto a lo que representas. Cuanto más construyas tus bases, más comprenderás la ley de habilidades comunicativas:

Siempre eres el número 2 en la idea.

Cuando Barack Obama comenzaba su presidencia, hubo un período en su carrera en el que recibió muchas críticas por su discurso. La crítica fue que dijo mucho.

Una vez David Letterman recortó un fragmento de la entrevista de Obama, un segmento de dos minutos. Durante ese segmento, Obama dijo más de 30 veces.

Esto fue enorme. Una peculiaridad de novato como esta para un presidente en ejercicio no servía de nada.

Sin embargo, cuando Barack Obama terminó su carrera, era considerado uno de los mejores oradores de todos los tiempos.

¿Alguna idea de por qué?

Es porque Barack Obama entendió la ley de habilidades comunicativas. Se convertiría en el número 2 de su idea.

Claro, Obama como persona puede haber dicho mucho. Es posible que haya tenido algunas creencias limitantes. Quizás no le gustaba demasiado su estilo. Todo normal para él como persona. Pero comprendió que cada vez que hablaba, se encontraba en un conjunto de reglas diferente. El conjunto de reglas sobre las ideas.

La idea es la número 1, y nunca puede ser la número 1 si no tienes idea de lo que representas.

Entonces, mientras creas tus puntos de datos, quiero que lo hagas con alguna intención. Esté atento a aquellas ideas que más le resuenan.

Lo sientes en tu pecho.

No es necesario que lo expliques intelectualmente.

Es algo primordial.

Es como si las respuestas hubieran estado ahí todo el tiempo.

Busca esas ideas y sigue haciéndote consciente, consciente, consciente. Ahora tus cimientos se están **fortaleciendo.**

Agrega matices a las ideas

En la última sección, hablamos sobre la importancia de recopilar ideas que resuenen contigo. Pero no queremos quedarnos ahí. Queremos obtener esas ideas y agregarles capas.

Cuando comencé el canal de YouTube ArmaniTalks, hubo un cierto período en el que sentí curiosidad por las habilidades de articulación.

¿Qué fue exactamente?

Claro, conocía la definición al respecto, pero ¿qué se articulaba? Cuanto más lo pensaba, más me daba cuenta de que se trataba de una persona pensando en voz alta.

Cuando tuve ese marco simple de pensar en voz alta, pude ver un sorprendente paralelo entre las habilidades de articulación y el gimnasio.

Te dije al principio de este libro que las habilidades para hablar son un músculo y no estaba exagerando. Con la habilidad de hablar, pensamos en voz alta y al ir al gimnasio, entrenamos en lo visible.

A medida que comencé a jugar más con esta idea de las habilidades de articulación, eventualmente terminé creando un concepto conocido como Cámara de Articulación.

Esta cámara es cuando reservas una parte de tu hogar para crear ideas. Algo así como ir al gimnasio estrictamente para hacer ejercicio, es la misma noción estrictamente con las habilidades de articulación.

Note lo que pasó… En las etapas iniciales, encontré una idea que resonó en mí, pero no me detuve ahí. Comencé a reflexionar sobre ello, a pensar en ello, comencé a agregarle niveles y fue entonces cuando pude crear una nueva idea:

- La Cámara de Articulación.

La creatividad no se trata sólo de crear nuevas ideas, se trata de conectar diferentes conceptos, lo que conduce a la generación de ideas.

Entonces, cuanto más grabes estos videos, más querrás seguir agregando matices a videos anteriores.

Muchas veces te sorprenderás a ti mismo. Estará pensando en conceptos innovadores que puedan proporcionar un gran valor útil a otra persona. Esto se debe a que te tomaste el tiempo para seguir agregando capas a una idea.

Parte 4:
Entrega

Etiqueta de la cámara

En la última sección, hablamos de lo que vas a hablar, especialmente cuando la luz de grabación está encendida. Es importante comenzar hablando de temas que conoce bien y de temas que necesita investigar. La razón principal es porque haces trampa en el código, superas la parálisis del análisis y comienzas a realizar repeticiones.

A medida que empieces a hacer repeticiones, te darás cuenta de que recopilas una gran cantidad de datos diferentes y, a través de esos datos, habrá ciertas ideas que resonarán contigo más. Recopila esas ideas, pero no te limites a recopilarlas, agrégales matices. Cuanto más matices agregues a las ideas, más nuevas ideas crearás en el proceso.

Ahora, mientras haces todo esto, utiliza esta sección para aprender algo de etiqueta básica ante la cámara. Al no implementar cualquiera de estas formas de etiqueta, todo el proceso de hablar frente a la cámara estará lleno de tensión.

Eliminemos la tensión. Dejemos que se derrita. Hagamos que hablar frente a la cámara sea divertido y fácil.

Habla con una sola persona

Al hablar frente a la cámara, tu objetivo es hablar con una sola persona en lugar de con una audiencia general.

Al principio, te sentirás como si estuvieras hablando con un montón de personas diferentes.

Pero observa que cada vez que las personas consumen contenido de video, lo hacen predominantemente de uno en uno. Incluso en las salas de cine, seguro que mucha gente ve la misma película, pero la procesan en su mente... una persona a la vez.

Quieres entrenarte para hablar con una sola persona.

Porque si estás tratando de hablar con un montón de personas diferentes, mirarás a todos lados con una expresión vidriosa en tu rostro. La audiencia está recibiendo una versión filtrada de ti.

Cuando solo hablas con una persona, todo se soluciona solo. ¿Quién será esta persona?

Tú decides.

A mí me gusta imaginar que estoy hablando con mi yo más joven. Sé que a otras personas les gusta imaginar que están hablando con su perro. Algunas personas se imaginan hablando con su mejor amigo, su hermano menor, etc. Puedes ser creativo al respecto. Y si ni siquiera quieres hacerlo demasiado complicado, concéntrate en construir una relación con una cámara.

Tu mejor amigo fue un extraño en un

momento. Piénsalo. Este amigo con el que tienes tantas bromas internas, recuerdos, vínculos... era un extraño.

Al principio ustedes no eran tan buenos el uno con el otro. Necesitaban algo de tiempo.

- Es hora de bajar la guardia, construir puentes y empezar a plantar las semillas de los chistes.

Del mismo modo, será lo mismo a medida que construyas la relación con la cámara. Solo debes saber que estás hablando con una persona, no con una audiencia general, y esta es la primera etiqueta que debes grabar en tu mente.

Arreglar la postura

- En la comunicación, puedes hacer muchas cosas mal, pero si haces que la otra persona se sienta escuchada, te amará.
- En la comunicación digital, puedes hacer muchas cosas mal, pero si tu postura es la correcta, te encantará el proceso.

En las etapas iniciales de la grabación de videos, notarás que tu postura no es la mejor. Especialmente porque estás nervioso.

No siempre puedes controlar la mente, pero siempre puedes controlar la postura.

Pecho hacia afuera, espalda recta, hombros hacia atrás, barbilla levantada e incluso puedes esbozar una sonrisa amable. Al hacer esto, regresas al momento presente. Cuanto más puedas preparar tu cuerpo para tener una buena postura cuando la luz de grabación está encendida, matarás dos pájaros de un tiro.

El primer pájaro es que mejores tu postura y luzcas más presentable.

El segundo pájaro es que en lugar de estar demasiado en tu cabeza, estás en el presente.

Con el tiempo, estos pequeños cambios incrementales empiezan a acumularse. Entonces, compórtate como el director ejecutivo de un planeta.

Lo informal supera a lo formal

Cuando era más joven, la mayoría de estas personas de los principales medios de comunicación eran extremadamente formales. Tono muy serio, cara seria, no demasiadas bromas, directo al grano.

Existe más contenido, donde más personas quieren construir una relación con el contenido de la persona que consumen, las reglas están cambiando.

Lo formal ya no gana, gana lo informal.

Sí, hay un momento y un lugar. No querrás ser el tipo frente a una cámara que actúa como un babuino. Pero si eres de esas personas capaces de contar chistes, úsalo a tu favor.

Si no te gusta contar chistes, prepara tu mente para seguir diciendo:

"Oye, no estaría de más contar un chiste de vez en cuando. O, ¿qué tal si sonríes un poco para relajarte ?

Cuanto más puedas relajarte de tu propio estado de ser, más liberarás neuronas espejo en la otra persona. Y las neuronas espejo son la décima maravilla del mundo, justo detrás del principio de Pareto y el efecto compuesto.

Entonces, cuando puedas sentirte bien porque buscas la informalidad por encima de la formalidad, otras personas que vean tus videos también se sentirán bien.

Parte 5:
Refinar

Importancia de ver películas

En la última sección, hablamos sobre algunas etiquetas básicas ante la cámara que se deben tener en cuenta. Aunque esas etiquetas ante la cámara parecen pequeñas al principio, cuanto más practiques, más empezarás a notar que los efectos se hacen más grandes.

Si inculcas los buenos hábitos desde el principio, obtendrás buenos frutos. Si inculcas los malos hábitos desde el principio, ya conoces la historia.

En esta sección, hablaremos sobre la importancia de volver a consumir su contenido. Quiero que esto sea lo más tangible posible, para que lo hagas en lugar de saltarte el paso.

Si vuelves a mirar tu propio contenido,
te garantizo que hablarás mucho mejor
frente a la cámara. Entonces
empecemos.

Teoría psiconeuromuscular

psiconeuromuscular.

Espera, antes de que te escapes, esta teoría no es tan compleja. Es una teoría que muchos atletas utilizan para alcanzar el máximo rendimiento. Floyd Mayweather sigue constantemente sus combates de boxeo. Tom Brady mira películas constantemente. ¿Kobe Bryant? Solía ver sus juegos completos justo después de terminar de jugar.

La teoría psiconeuromuscular afirma que cuando consumes tu propio contenido, se disparan ondas de pensamiento en tu mente que influyen en tu sistema nervioso para que se comporte de una manera diferente.

Cuando lo analizas de una manera muy lógica, te estás observando **a ti mismo.**

Esto te hace cuestionar tu sentido de ti mismo. Estás acostumbrado a ver la vida desde una perspectiva de primera persona. ¿Ahora te estás viendo a ti mismo desde una perspectiva de tercera persona? Al principio será extremadamente vergonzoso mirarte a ti mismo en la cinta.

Empújalo.

Todo es un músculo. ¿Recordar?

Cuanto más sigas observándote a ti mismo, más notarás que te estás afinando.

Algo así como big data e inteligencia artificial. Ambos se necesitan el uno al otro. Si intentas procesar big data con tu computadora portátil, no funcionará. Necesitas hardware complejo que la inteligencia artificial pueda proporcionar. Pero si solo tienes inteligencia artificial sin ningún dato, ¿cómo se van a perfeccionar los movimientos?

Cuando combinas big data con inteligencia artificial, obtienes magia.

Así funcionan muchos coches autónomos.

De manera similar, cuando estás viendo tu contenido... Tu sistema nervioso es la inteligencia artificial y el contenido es el big data.

Combina los dos y poco a poco comenzarás a pulirte más con el tiempo.

Contenido y calidez

¿A qué debes prestar atención mientras miras tu contenido? No querrás ser muy específico. No querrás desglosar cada palabra, como:

"Ah, maldita sea, debería haber usado esta palabra en lugar de esta palabra".

Mientras miras tu contenido, debes concentrarte en la gestalt de las cosas. Gestalt significa imagen de alto nivel.

Siempre que vuelvas a mirar tu contenido, querrás dejar que tu cuerpo hable por ti. Tu cuerpo te dirá cuándo ciertas cosas se sienten bien y cuándo ciertas cosas no se sienten bien. Siempre que tu cuerpo te sirva de brújula, escúchalo. Porque cuanto más sigas escuchando a tu cuerpo, más crearás una **sensación genuina** hacia la cámara y más cálida se volverá tu personalidad.

Eso no quiere decir que tu cuerpo te lo cuente todo. Aún quieres evaluar el contenido.

¿Es bueno tu mensaje?

En las etapas iniciales, si ves un montón de cosas aleatorias que no tienen ningún sentido, está bien.

Todavía estás recopilando datos.

Pero cuanto más pongas a tus representantes, más pulido debería quedar tu mensaje.

- ¿Lo estás disfrutando?
- ¿Estás aprendiendo de ello?
- ¿Te entretiene?
- ¿Está proporcionando algún tipo de valor?
- ¿Puede beneficiar al menos a una persona si lo viera?

Mira tu contenido así.

Cosas adicionales para buscar

A continuación se ofrecen algunos consejos más para volver a ver tu contenido.

La Santa Eternidad:

- Gestos faciales.
- Palmas.
- Tonalidad.

Si aún no tienes idea de cómo leer tu cuerpo, sólo busca estas 3 variables.

- ¿Cómo es tu gesto facial? ¿Está rígido todo el tiempo?
- ¿Cómo es tu tonalidad? ¿ Eres monótono todo el tiempo?
- ¿Y cómo están tus palmas? ¿Muestras tus palmas en absoluto? ¿Les muestras demasiado? ¿Señalas mucho?

Estate atento a algunas de estas variables.

En cuanto al contenido, solo quieres preguntar:

> ➤ ¿Estoy usando 50 palabras cuando podría haber usado 5?

Porque el propósito de una comunicación clara es mantener nuestro mensaje conciso. Mientras miras tus videos, ten una idea general de si está siendo eficiente o no.

El simple hecho de prestar atención consciente a estas dos cosas diferentes, la Santísima Trinidad y el exceso de palabras, te permitirá afinar tu expresión.

Parte 6:
Resumen

Resumen

Cubrimos muchos temas diferentes en este libro, así que hagamos un resumen rápido para asegurarnos de que comprendemos los puntos importantes.

Hablamos sobre por qué la timidez ante las cámaras existe en primer lugar. Es normal. Es normal no querer hablar delante de un objeto inanimado.

¿Cómo vas a hablar con vida a un objeto sin vida?

A través de la práctica.

Pero nunca practicarás a menos que comprendas la importancia práctica de aprender a hablar frente a la cámara.

Algunos de los beneficios prácticos son:

- Graba vídeos de YouTube para que puedas escalar tu negocio.
- Haz llegar tu mensaje al mundo para no huir de las reuniones de Zoom.
- Graba el vídeo de la boda cuando los novios te pidan alguna opinión.

Una vez que comprendas los beneficios prácticos, deberás practicar.

Hay toneladas de formas diferentes de practicar. Pero lo que recomendé en este libro fue tener una zona oscura y una zona clara.

La zona oscura es cuando recopilas datos y experimentas con diferentes ideas en privado.

La zona de luz es cuando haces públicos tus videos.

¿Dónde vas a crear videos?

- En Youtube.

Lo bueno de YouTube es que hay una función privada que puedes usar en cualquier momento y puedes hacer públicos tus videos en cualquier momento.

Estás en el camino correcto si estás haciendo videos sobre temas que conoces **muy bien. Bueno.** Siempre puedes hablar sobre temas sobre los que necesitas investigar más adelante en el juego, pero queremos evitar cualquier forma de parálisis del análisis al principio.

Continúa grabando videos, sigue acumulando datos y, eventualmente, encontrarás ciertas ideas que te resuenen más. Recopila esas ideas y agrega matices a esas ideas. Eso construye tu base, por lo que comienzas a desarrollar más confianza frente a la cámara.

A medida que desarrollas la confianza, debes asegurarte de concentrarte en la etiqueta correcta.

No querrás hablar con 50 personas diferentes frente a la cámara porque parecerás un ciervo atrapado en los faros. Mantenlo simple. Habla con una persona, arregla tu postura y disfruta del proceso.

A medida que acumulas estos datos, también debes volver a ver tus videos.

Tu cuerpo te dirá a qué debes prestar atención, lo que te permitirá afinar tus movimientos en el proceso. Cuanto más afines tus movimientos en el proceso, mejor será el próximo vídeo, más cálida será tu personalidad y más simplificado será tu mensaje.

Conclusión

Gracias por darme tu tiempo. Si te gustó este libro y quieres ver mi contenido, siempre puedes seguirme en el canal de YouTube de ArmaniTalks.

O simplemente puedes visitar www.armanitalks.com, donde todos mis canales de redes sociales están reunidos en un solo lugar para que puedas mantenerte actualizado sobre la marca ArmaniTalks.

Gracias por acompañarme y nos vemos en otro momento.